手绘古人的一生

一名乞丐的逆袭

朱元璋

SHOUHUI GUREN DE YISHENG

YIMING QIGAI DE NIXI

ZHU YUANZHANG

吕作用　编

宋思维　绘

江西美术出版社

全国百佳图书出版单位

天历元年（1328）农历九月十八日，

安徽濠州钟离东乡燃灯集金桥坎村（今安徽省凤阳县）

农民朱五四的妻子在破旧的茅屋里生下了一名男婴，

起名重八。

他就是本书的主角，历史上的朱元璋皇帝。

朱元璋

乱世贫儿

如果说“投胎是门技术活儿”，

那么朱重八显然还没入门。

这一年，孛儿只斤·图帖睦尔击败

了竞争对手取得皇位，

但大元帝国并未因此而变得更好。

官吏贪赃枉法，人民颠沛流离，老百姓被逼急了，起义就像“打地鼠”游戏，这边还没压下去，那边又冒了出来。

金桥坎村是个穷乡僻壤的地方，人们靠种地为生，遇到灾荒，大家都要饿肚子。

朱重八出生的时间和地点都算是“下下签”。

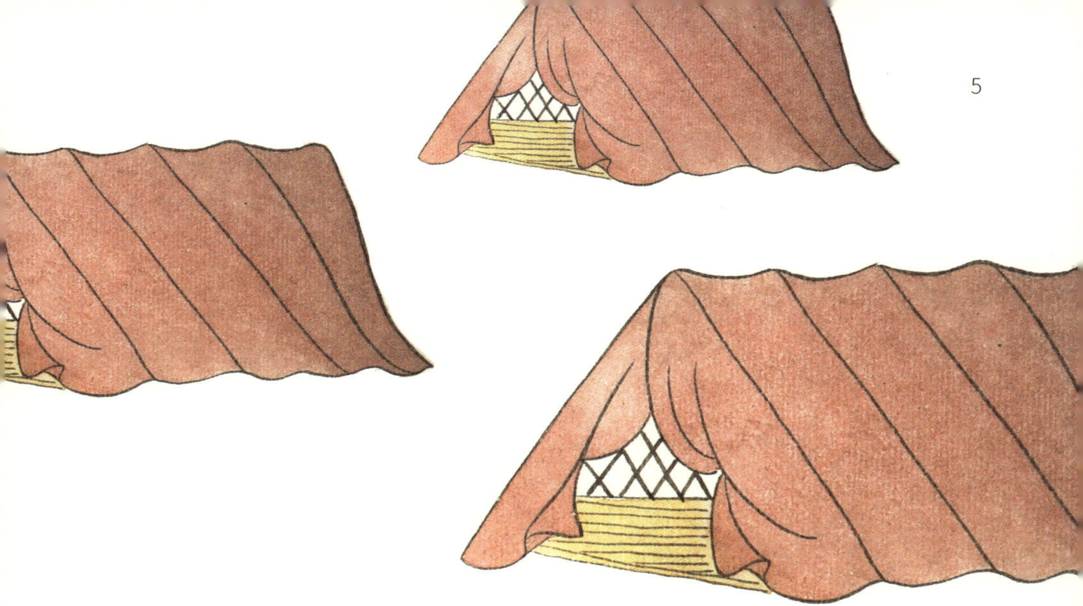

他家世代贫农，

父亲朱五四为了讨生活频繁迁居，延祐二年（1315）

从盱眙迁到金桥坎，

靠租种田地和打短工过日子。

朱重八出生时，他家已经有了三个哥哥和两个姐姐，

吃饭是头等大事。

七八岁开始，

朱重八给地主家放了十年左右的牛。

当朱光卿、彭莹玉等集众起义时，

他还只是一个在山野做游戏的放牛娃，

可见一个人的成就跟出身并没有太大关系。

即便小时候放牛，

长大后也可以很牛。

至正四年（1344），淮河流域灾荒加瘟疫，大祸降到了朱重八的家门。

四月初，他的父亲、大哥和母亲相继病故。

对十七岁的朱重八而言，天塌了。

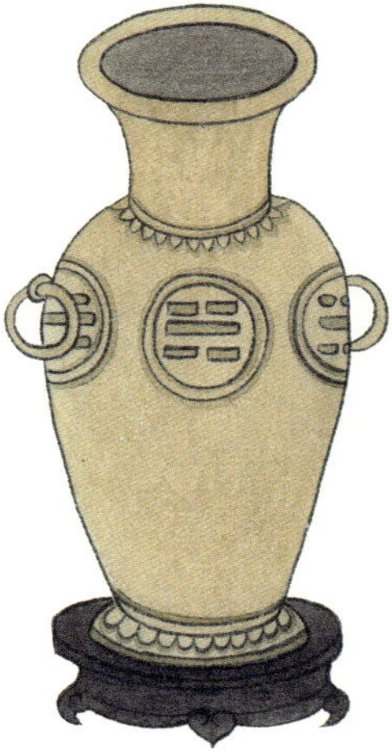

更不幸的是，他们没钱没地，没法给父母入殓安葬。

好在同村人刘继祖舍了一块地，两兄弟才料理了父母兄长的后事。

这已经够惨了，更惨的是：

要吃饭，但没有粮。

朱重八在家待了几个月，

实在无路可走。

九月里，在邻居的帮助下，

朱重八投到了皇觉寺高彬法师门下，

成了一个小沙弥。

他每天除了念经拜佛，还要打水煮饭，做各种杂活，更要对师父、师娘、师伯、师叔、师兄、师弟都笑脸相迎（原来高彬长老是有家小的）。

游方
沙弥

闹饥荒的年代，

寺庙没人供养，田租收不到，

和尚们不得不出去化缘。

人要是运气不好，
躲进庙里都不得安宁。

朱重八在皇觉寺住了两个月，
不得不走出庙门，
成了四处化斋的游方僧。
民间故事往往说朱元璋当过小乞丐，
其实就是指这段经历。

灾荒肆虐的年代，
“化缘”是真正的技术活。

朱重八事前做了攻略，

得知西边和南边灾情要轻一些，

于是便往那边走。

在皖南、豫南一带绕了一圈，

有一顿没一顿，

吃尽了苦，受尽了委屈，

实际上他赚大了。

在三年多的游历生涯中，

朱重八磨炼了意志，

开阔了视野，丰富了知识，

对社会有了更深刻的体会和认识。

更重要的是，

他接受了反元起义军的宣传，

为后来的从军奠定了思想基础。

别人是“读万卷书，行万里路”，
可朱重八走了几万里路，
书还没开始读。
至正六年（1346）回到皇觉寺后，
他便立志勤学，
跟老和尚学佛经、学知识，
文化水平慢慢提高了。

朱重八在皇觉寺念经读书期间，

外面的世界闹翻了天。

农民起义席卷了大半个中国，

其中规模影响最大的是红巾军起义。

至正十二年（1352），红巾军的战火烧到了濠州。

这时老百姓愁的不仅仅是吃饭的问题了，首要考虑的还得是保命。

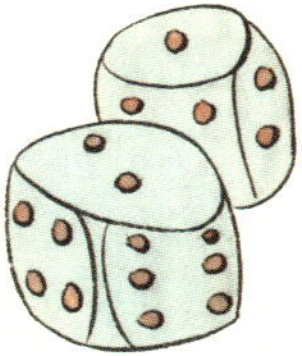

当一个人拿不定主意的时候，

掷骰子的确是一种办法。

皇觉寺的和尚们也不得不到处避难。

有一天，朱重八避难回来，

发现寺庙被起义军烧掉了一大半，

没法住了。

正束手无策时，发小汤和捎来一封信，

动员他去投军。

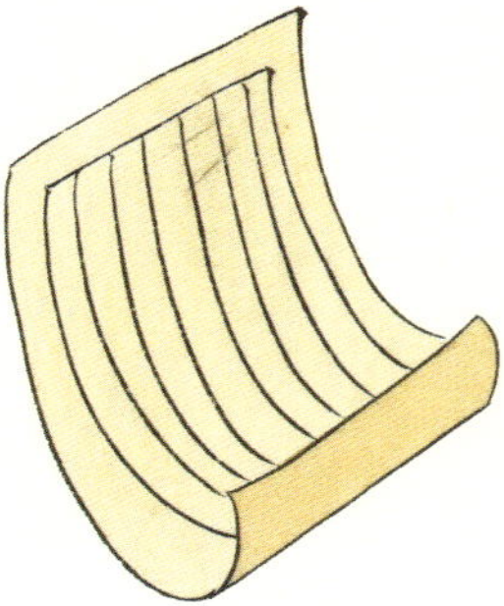

不凑巧，这事被发现了，

有人要向官府告发他勾结红巾军。

朱重八一时慌了神，不知该怎么办。

于是他来到菩萨面前，占了几卦，

菩萨给他的答案是投军造反。

第二天，即至正十二年（1352）闰三月初一早上，二十五岁的朱重八离开了皇觉寺，投到了郭子兴的红巾军中，成了一名步卒，开始了他辉煌的人生。

一个人的成功

往往是从干好本职工作开始的。

义军统领

朱重八在军中刻苦训练，勇敢杀敌，
不到两个月就被郭子兴调到元帅府，
当了九夫长。
他做事勤快又有想法，
很快就得到郭子兴的赏识，
让他带兵作战。

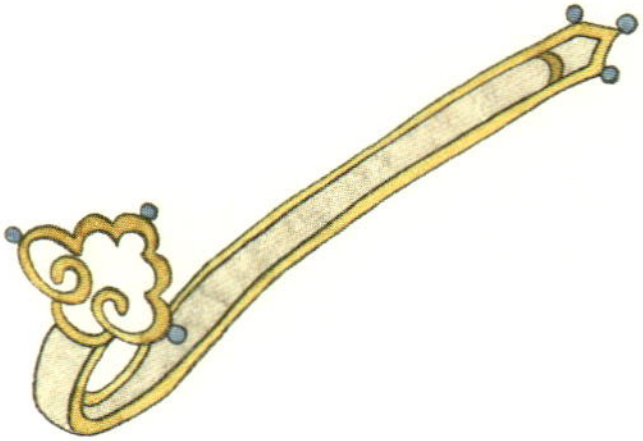

他打起仗来总是冲在前头，又总能打胜仗，
缴获的战利品则悉数献给元帅，
得到的赏赐却公平地分给战友。
因此，朱重八不但在军中有了好名声，
郭子兴也特别器重他。

郭子兴有个义女，姓马，正待嫁闺中。
为了让朱重八成为“自己人”，
郭子兴便把马小姐许配给了他。
婚后，朱重八改名叫朱元璋，
将士们则称他为“朱公子”。

朱元璋的确帮了郭子兴很多忙。

但是濠州毕竟是小地方，

郭子兴与其他几位元帅勾心斗角，

加上元军围攻，前景堪忧。

“枪杆子里出政权”。朱元璋觉得，

要干大事，必须有自己的队伍。

至正十三年（1353）十月，他请了个假，

回到钟离招募兵马，

十来天招纳了七百多人，

其中包括发小、后来的开

国功臣徐达。

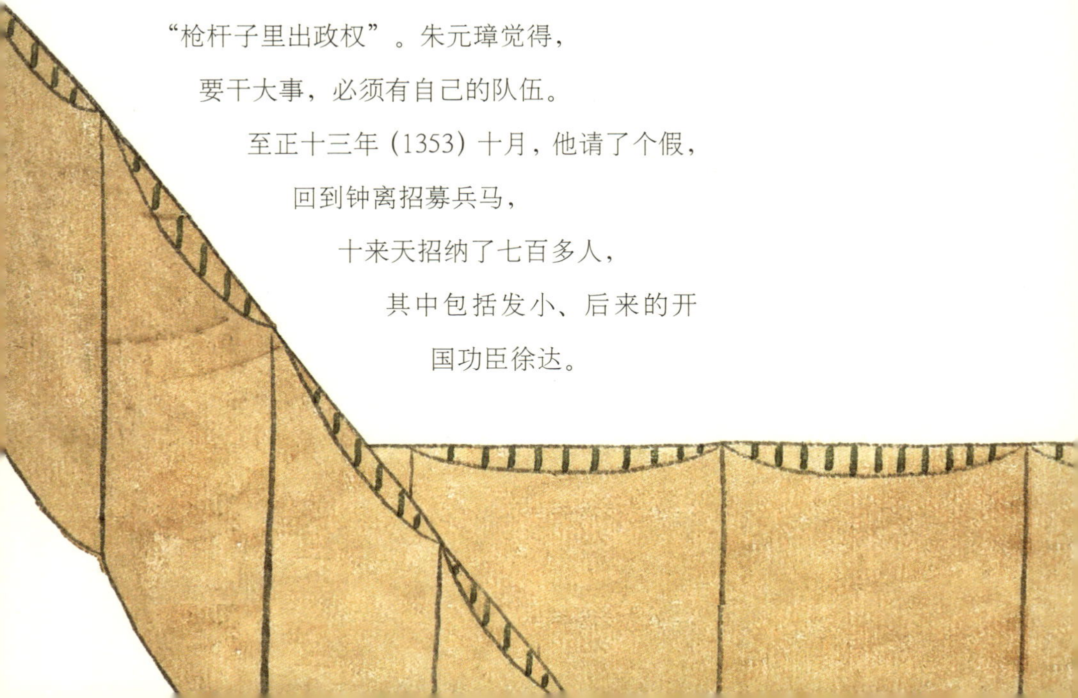

回到军中，郭子兴大喜，升他做镇抚，

招来的兵也归他统领。

这算是朱元璋的“第一桶金”。

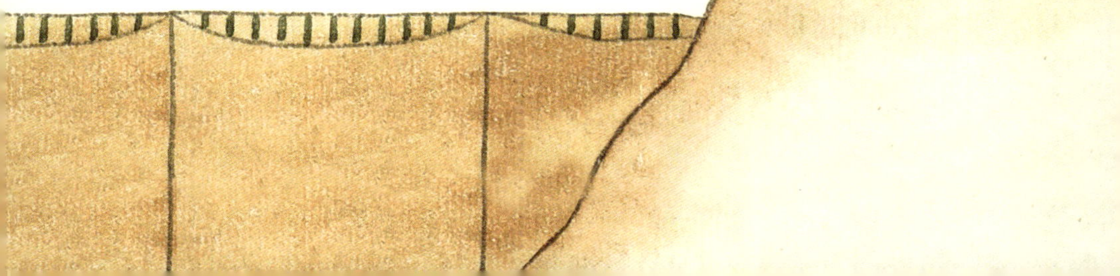

第二年，因为攻克定远，
朱元璋又被任命为总管。
而且在这过程中，他还收编了张家堡的三千民兵和元将张知院属下的两万壮士，队伍逐渐壮大。
加上他的兵训练有素、纪律严明，因此战斗力也特别强。

这人格魅力，也是没谁了。

同时，他还吸收一些读书人。

在定远，冯国用、冯国胜兄弟来投，

被他留做幕府参谋。

在进军滁州途中，李善长求见，

他劝朱元璋学习汉高祖，

知人善用，以平天下，

朱元璋留他做了掌书记。

朱元璋的队伍很快攻下了滁州，郭子兴因受到其他将领的排挤，也到了滁州。朱元璋便把兵权交给了他，并建议南取和州，既扩大地盘，也能解决部队吃饭问题。至正十五年（1355）元月，朱元璋攻克和州，郭子兴任命他做总兵官。

总兵官算个不小的领导了。

他的领导是元帅郭子兴，

郭子兴上头还有领导。

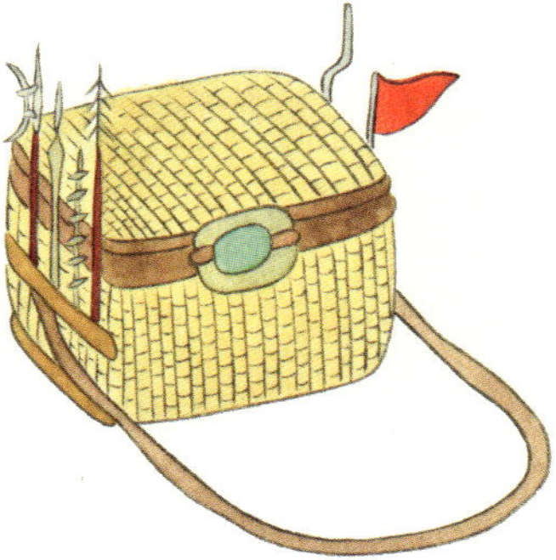

同年二月，

红巾军统帅刘福通在亳州立韩林儿为皇帝，

号小明王，年号龙凤，自己任丞相，

是实际掌权者。

所以名义上，各地红巾军的最高领导是小明王。

大致在龙凤政权成立前后，

郭子兴和他的竞争对手孙德崖干了一架，

虽然在朱元璋的努力下平息了，

但郭子兴又惊吓，又气愤，竟一病不起。

郭子兴死后，其子郭天叙任都元帅，

内弟张天佑为右副元帅，

朱元璋为左副元帅。

但真正掌权的是朱元璋。

朱元璋的队伍声誉太好了，
来投靠他的人接踵而至，
除了邓愈、常遇春等猛将，
还有陶安等儒生。

米
米
米
米
米

朱元璋很郁闷，自己怎么
一直都为吃饭问题伤脑筋。

随着队伍的壮大和元兵的围攻，
和州的粮食也出现了危机。
对岸的太平是粮仓，
陶安建议攻太平、占集庆，
但长江天堑横在那里。

凑巧这个时候，巢湖水军头目李国胜、赵普胜求助，

有了水军，太平就不在话下了。

进驻太平后，他又借元军降将陈埜先之手，

杀了郭天叙和张天佑，自己做了都元帅。

这一年，朱元璋二十八岁，

距他投到郭子兴部下仅三年半时间。

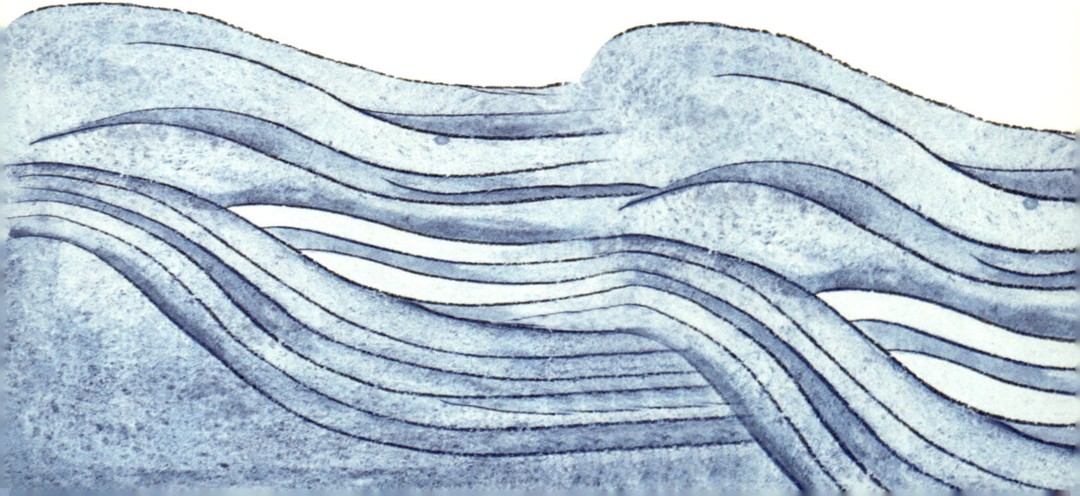

三军
统帅

至正十六年（1356），

朱元璋率水陆大军，攻下集庆城，

改为应天府。

收编元降军三万六千人，

同时还录用了夏煜、杨宪、孙炎

等十多位儒生。

小明王封朱元璋为枢密院
同佥，
后又升为江南等处行中书
省平章，统帅十万大军。
朱元璋的事业虽然上了一
个新的台阶，
但形势并不乐观。

东边和南边是元军；

东南是张士诚的地盘；

东北有青衣军；

西面为徐寿辉占据；

可谓四面受敌。

当然，北边主要是刘福通的红巾军主力的战场，元朝大部队一时还顾不上朱元璋这股小势力。

但是应天东边的镇江和南边的宁国两个据点至关重要，不能落入敌人之手。

宁国

因此，朱元璋在应天稍加安顿，

便派徐达攻打镇江，又派邓愈南取广德，

接着分兵克长兴、常州，攻下宁国，并占领江阴、

常熟、池州、徽州、扬州等地，

至正十七年（1357），已悉数攻取应天周围的各

个军事据点，

形势一片大好。

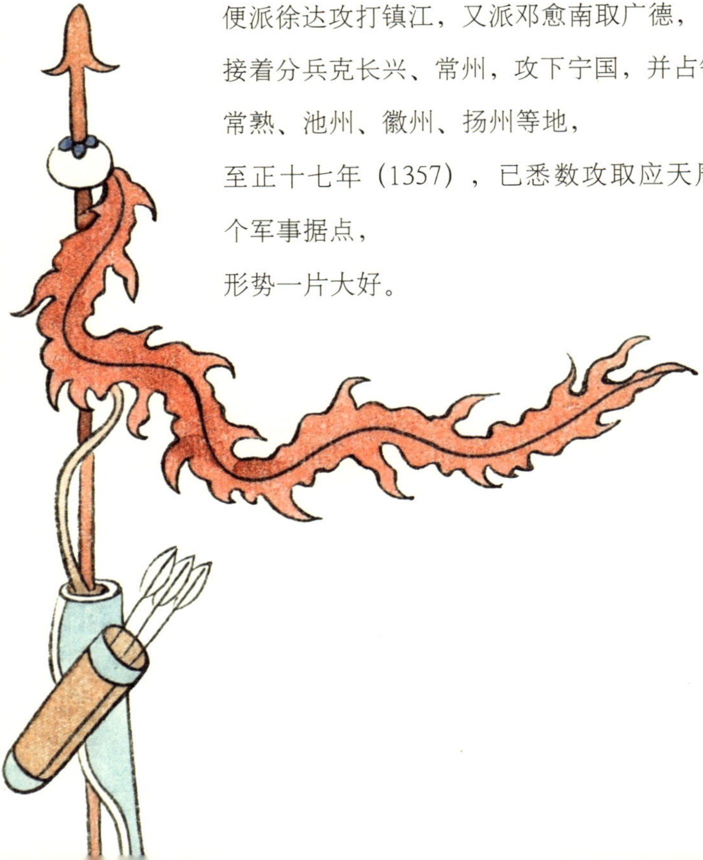

高筑墙，广积粮，缓称王。

在徽州，儒生朱升提了一条纲领性的建议，

真是成功的“秘笈”。

在元末起义军中，像韩林儿、徐寿辉、陈友谅、张士诚等人，

一个个没打几天胜仗就急着称王称帝，

而朱元璋却在大局已定之后才登基，

恐怕跟这个纲领有关。

形势稳定后，

朱元璋意识到要根本性地解决吃饭问题，

因此便着手发展生产、兴修水利、开荒屯田，

并抽募民间壮丁，编作民兵，

农时耕地，闲时训练，战时入伍上战场。

吃饭问题解决了，文化建设也得跟上。攻下婺州后，朱元璋立即聘请宋濂等当地十三名儒生讲学。

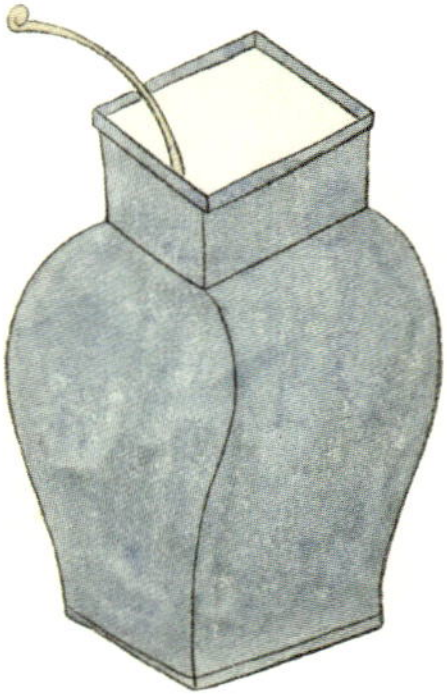

平定浙东后，通过威逼利诱，朱元璋又愣是把刘基、叶琛、章溢等几位名士请到了应天，并专门为他们盖了一所礼贤馆。这些读书人的加盟，大大提高了朱元璋阵营的软实力，也大大提高了他个人的文化水平。

这些年，刘福通领导的红巾军主力在北方与元朝大军杀得天昏地暗，两败俱伤，便宜了南方的三股势力。

闷声发大财的不仅有朱元璋，西系的陈友谅和东吴的张士诚也趁机做大了。

西成东就

陈友谅野心大，为吞服朱元璋这块“大肉”，他联合张士诚，想东西夹攻应天。

朱元璋看清了陈友谅和张士诚的主次关系，先集中兵力对付陈友谅。

他利用部将康茂才与陈友谅的关系，

在江东桥设下埋伏，一举歼灭陈友谅的主力部队，顺便把势力向西推进了几百里。

此后，两军在江西和安徽一带形成了拉锯式局面。

过了两年，陈友谅趁朱元璋去安丰援助刘福通的红巾军主力，便驾着他那豪华战船，统领六十万大军，进军洪都。把守洪都的是朱元璋的亲侄子朱文正，这位军事奇才用尽各种办法，死守城池八十五天。

然后，朱元璋的二十万救兵终于来了。

陈友谅一看没戏，掉头到了鄱阳湖，

部署了载入史册的大战场。

鄱阳湖大战是决定朱元璋生死大局的一次战役。

陈友谅有六十万大军，战舰又高又大，而且他先到，还是主场。

朱元璋只有二十万军队，

战船在敌舰面前就像小孩面对大人，

而且部队长途奔波而来，又是客场。

不过两军的士气刚好相反。

陈友谅把战船首尾连成一片，

广如平地，但行动并不方便。

战役打了三十六天，

最终朱元璋采取火攻，

烧了陈友谅的战舰，

陈友谅在逃亡过程中被流矢射死，

余部逃回武昌。

这剧本不就是“火烧赤壁”吗？

不读历史容易吃大亏。

朱元璋的智囊团

李善长（1314—1390）

字百室，安徽定远人。朱元璋平定滁州时，李善长前往投靠，颇得朱元璋赏识。前期跟随朱元璋出谋划策，建功无数。开国授勋时，李善长封韩国公，位列开国六公爵之首。

刘基（1311—1375）

字伯温，浙江青田人，是朱元璋所有谋臣中名气最大的一位。刘基曾是元官，后辞职隐退，在至正二十年（1360）接受朱元璋邀请，出山辅助他。刘基料事如神，在具体的战术方面给朱元璋很大的帮助。明朝开国后，他也仅仅被封诚意伯，爵位较低。

叶兑（1307—1389）

字良仲，号四梅先生，别号归根子，浙江台州人。元末明初大儒，精通天文地理占卜之术，后投靠朱元璋，向朱元璋献“一纲三目之天下大计”，助其灭张士诚、方国珍等，攻城掠地。

朱升（1299—1370）

字允升，安徽休宁人。朱元璋进军徽州府时，久攻不克，于是三顾茅庐请得朱升出山，朱升给朱元璋九字真言“高筑墙、广积粮、缓称王”，奠定了朱元璋的战略方针。明朝开国第二年，朱升谢绝了封赏，主动告老还乡。这也使得朱升成为开国功臣中，为数不多得以善终的人。

张中（1294—？）

字景华，又字景和，号真常，字涵素，江西抚州人，是名道士，善奇门遁甲之术。早年间纵情于山水，后效力朱元璋帐下，帮助朱元璋大败陈友谅。明朝建立后，张中投水消失，从此再无下落。

陶安（1312—1368）

字主敬，当涂（今属安徽）人。至正十五年（1355）朱元璋渡江至当涂时被召见，向朱元璋建议攻取金陵。陶安对明朝建国之初的典章制度建设有重要贡献。

夏煜（生卒年不详）

字允中，江宁（今江苏南京）人。有俊才，工诗，为中书省博士。曾与刘基一起起草朱元璋征讨陈友谅檄文，并随军参加鄱阳湖大战。

许瑷（?—1360）

字粟夫，饶州乐平（今江西乐平）人。至正十八年（1358），投奔了驻军婺州的朱元璋，并提出《平乱策》等许多宝贵建议，朱元璋都一一采纳。获封博士头衔，留在账中参谋军事。至正二十年（1360），死守太平府，力拒陈友谅，不屈被杀。

范常（生卒年不详）

字子权，滁州人。朱元璋驻军滁州时杖策来见，留在幕下。诸将攻克和州，士兵四出抢掠。范常进言应严明军纪方能成大事。

孙炎（1323—1362）

字伯融，应天府句容（今属江苏）人，有诗名。朱元璋下金陵（今江苏南京），闻孙炎名，召见委任江南行中书省掾，从征浙东，为朱元璋召致刘基、章溢、叶琛等人才。

宋濂（1310—1381）

初名寿，字景濂，号潜溪、龙门子等，金华人。与高启、刘基并称为“明初诗文三大家”，“浙东四先生”之一。受朱元璋礼聘，被尊为“五经”师，为太子朱标讲经，主修《元史》，朝廷礼仪多为其制定。

打败了最强大的一个敌人，

可以称王了。

至正二十四年（1364）正月，朱元璋自立为吴王，设百官。

下一个目标是张士诚。

张士诚卖私盐出生，

不属于红巾军系统，革命立场不坚定，

降元反反复复，实际是为了保住自己的一亩三分田。

东吴与应天接壤，

双方一直互有攻守，谁也没占到便宜。

但在平定西线后，朱元璋加强了攻势，

他采取谋士叶兑的策略，

先把东吴周边的据点一个个拿下，

至正二十六年（1366）十二月起，用九个月时间，

攻破平江城，活捉张士诚。

这年年底，朱元璋派人迎接小明王韩林儿和刘福通，
船行到瓜州渡江，大将廖永忠凿穿船底，
小明王和刘福通沉入江中。
朱元璋假惺惺地批评了一下廖永忠，
但心里肯定乐开了花。

大明皇帝

称帝路上的一块大石头没了，
在消灭东南一带的方国珍、陈
友定等割据势力后，他便考虑
做皇帝的事了。
明洪武元年（1368）正月初四，
阳光明媚，
朱元璋在应天举行即位大典。

国号大明，年号洪武，

立马氏为皇后，朱标为皇太子，

李善长、徐达为左右丞相，

皇族封王，功臣加官。

朱元璋在投军的那一刻万万没有想到，

为了吃饭被逼走上的路，

居然让自己走到了金字塔的塔尖。

他的“真人秀”生动地演绎了孟子的那句千古名言：“天将降大任于是人也，必先苦其心志，劳其筋骨，饿其体肤，空乏其身，行拂乱其所为……”

朱元璋经过南征北战从蒙古人手里夺取了江山，

当上了皇帝，

但这远远没有让他高枕无忧，

相反，他睡得更不安稳了。

试想，无数人梦寐以求的东西让你得到了，

你最担心的是什么？

这么宝贵的东西又是否会被别人夺走呢？

这么一想，普天之下，到处都有潜在的敌人。

当然，有一个敌人是现成的：

元朝的皇帝还住在大都的皇宫里呢。

洪武元年（1368）八月，
一路过关斩将的徐达和常遇春带领大军
包围了大都，
结果不费吹灰之力拿下了元朝的京师，
因为元顺帝在几天前就带着老婆孩子逃
回上都了。

虽然蒙古人在中原的统治结束了，

但这个政权依然存在，即史书上所称的北元。

他们不甘心失败，时不时要反攻中原，

成为困扰朱元璋一辈子的事情。

明初抗击北元及其他少数民族的战争持续了不下二十年。

北元骑兵在边境的骚扰并不影响朱元璋做皇帝。

外患不足为患，内政便成了第一要务。

朱元璋设计了一整套制度，
把权力紧紧地抓在自己手中。
又设立国子监和地方各级学校，
完善科举制度，
让天下读书人都为他服务。
武将为他打仗，文官为他办事，
但他还是不放心，
对所有人不放心！

为了让天下太平无事，得有法律保障。

早在称帝前一年，

他就让李善长和刘基等人议定律令，

至洪武七年（1374），

修成了计十二篇、三十卷的《大明律》，

颁布天下，

内容涉及五刑、十恶、八议等四百六十条，

一些刑罚手段听来毛骨悚然。

比《大明律》更重要的是《大诰》，
由朱元璋亲自编订，
包含一万多个犯罪案例的判罚，算是一部判例法，
其最大特点是刑罚手段严酷到了极点，
看来皇帝的想象力太超常了。

我小时候吃不饱饭，
都是贪官污吏惹的祸。

法律条文严酷，执行起来更严酷。

永嘉侯朱亮祖镇守广州时，

与他的儿子朱暹勾结当地恶霸，贪赃枉法，

案发后被押到京师，朱元璋亲自拿鞭子打，

朱亮祖父子及其同伙被活活打死，

念其战功，仍赐予厚葬。

朱元璋要建立一个干净的社会，

让老百姓安居乐业，对贪官绝不饶恕。

他颁布了最严厉的法令：

贪污六十两银子以上者处死！

到后来，凡是贪污的，

不到六十两也杀。

据统计，洪武十九年（1386）新晋的官员三百六十四人，

仅一年时间，六人被杀，

三百五十八人戴死罪、徒流罪办事，

犯罪率达到百分百。

反腐大案

朱元璋反贪，最著名的是“空印案”和“郭桓案”两件大案。

明初的政策规定，

地方每年都要向户部报送钱粮及财政情况，

而且数字必须与上缴的实物完全相符，

如果有一项不符，

都要被驳回重新填报、重新盖章。

经过长途运输，

实物与账册不符是大概率事件。

填表是官员的强项，

但送报表的总不能一直把官印带在身上啊。

回原单位盖个章时间成本太高了。

所以到户部申报的官员都备有事先
盖过印的空白册子，以备不时之需。
久而久之，这便成了公开的秘密。
大家都知道了，自然皇帝也知道了。

朱元璋的反应是“盛怒”，

把它作为重大案件严查，

最后下令，全国各布政司、府、

县数万名主印官员处死，

副手以下杖一百充军。

另一件反腐大案是“郭桓案”。

洪武十八年（1385），御史官员告发户部侍郎郭桓勾结官吏李彧、赵全德等，私吞多地赋税、秋粮，并巧立名目乱收费，中饱私囊，侵吞粮食数量高达两千四百多万石。

朱元璋下令彻底查处，

结果牵出一大片，

六部侍郎以下的官员几乎没有幸免的，

各府县管粮食的官员也几乎没有幸免，

当时一共杀了三万多人。

这样的反腐力度令官员们一个个胆战心惊。

据说他们通过观察发现，

如果朱元璋上朝时玉带系在肚皮下面，就是要杀人，

如果玉带高于肚皮就没事。

官员每天出门前都要和家人隆重告别，

并把重要的事情交代清楚，

因为每天上朝都是一次大冒险。

不过即便这样对贪污严惩不贷，

明初的官员还是在贪污的道路上前赴后继。

一名正七品知县的年收入只有九十石米，

他要拿这点收入养一家子，

以及跟他干活的随从小吏，

不想办法捞一点，他喝西北风去？

明朝工资实在太低了！

就这样，逢贪必惩，愈惩愈贪，

朱元璋和官吏之间的猫抓老鼠游戏似乎成了个死结，

在他一生中都没有解决，

甚至整个明代都没有解决。

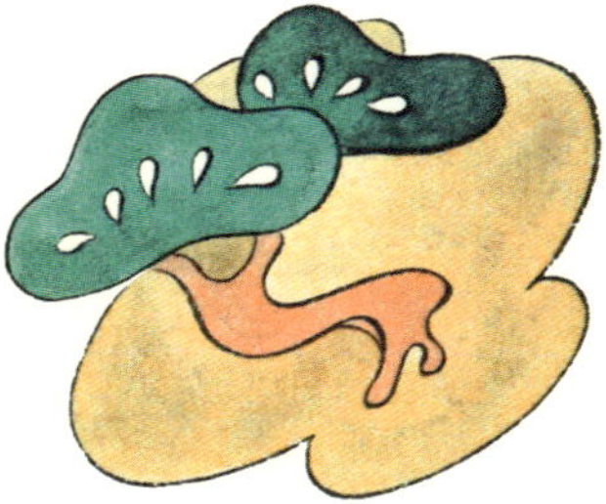

朱元璋的日常生活制度改革

衣

洪武元年，朱元璋发布《衣冠复古诏》，此后平均每隔两年下诏一次修订服饰，共十五次。他还亲自设计服饰，严格规范汉服穿着。

比如男子的衣着：男子必须在头顶束发，而官员要戴一顶帽子，俗称“乌纱帽”，穿圆领袍子，袍子的颜色和图案也有规定，靴子必须是黑色的。老百姓要戴四色头巾，杂色圆领衣。

女子戴首饰的规定：宫廷妃嫔的首饰可以缀龙凤，官员妻子的首饰只能缀一些花鸟珍珠等，庶民妻子可以戴银镀金首饰，乐妓要戴明角冠子。

朱元璋反对浪费，提倡节俭，据说在一次给马皇后庆生的时候，他准备了“炒萝卜”“炒韭菜”“两大碗青菜”和“葱花豆腐汤”宴请官员，并宣布：今后大家请客，最多只能用“四菜一汤”。

洪武十四年（1381）九月，朱元璋下令停止龙凤团茶制作，把团茶改为散茶，用热水冲泡。从而也改变了唐宋的制茶工艺。

食

住

比起穿衣吃饭问题，朱元璋的住房改革注定成为没有结果的乌托邦。洪武初年，朱元璋发现京畿周围的不少穷人没房子住，就让人找了一块空地，盖了两百六十间瓦房，给南京的特困户住。一个月之后，他又让上海的官员翻修前朝留下来的居养院，让无房户居住。他觉得这两个试点搞得很成功，因此准备在全国范围推广：国家盖房子给老百姓住。但鉴于国库的实力，这个计划最终无法落实。

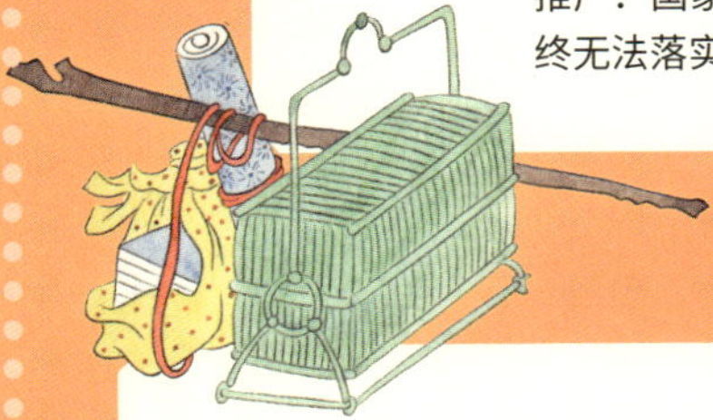

行

朱元璋对出行有规定，目的是不让人出行。他把老百姓每十户编为一甲，设甲首一人，十一甲为一里，推里长一人。分配土地给农民耕种，并根据人口和土地交租、服役，这叫“里甲制度”。与里甲制度配套的是“路引制度”。

“路引”类似于今天的身份证。政府在所有交通要道设立关卡，人们要走出规定区域，要获得官府的审批，官府给他出具“路引”，每过一个关卡，都要检查“路引”，如果没有“路引”就要送官，施以杖刑，情节严重者流放。所以明初的老百姓是没有出行自由的。

诛杀功臣

除了贪污问题一直未得到解决，
朱元璋还对所有人不放心，
越是能力强、功劳大的越不放心，
比如刘基。

在传说故事中，刘基是神一般的存在。
他懂天文地理，就被说成未卜先知；
他重逻辑推理，就被说成料事如神。
在帮朱元璋打天下的过程中，他没少
出力。

不夸张地说，朱元璋想到的，
他也想到了，朱元璋没想到的，
他还是想到了。
可能就是因为太能干，
在朱元璋大封功臣中，

他仅被封了个诚意伯，官小俸禄低。
就这样，还有不少人在皇帝面前打他的小报告。
朱元璋本来就多疑，
这样一来就更不放心他了。

有一次，朱元璋找刘基谈话，

问他如果李善长卸任丞相，谁适合接班？

刘基当然不敢说。

“你觉得杨宪怎么样？”

“才能有，但气量不够。”

“汪广洋呢？”

“太浅薄了，不合适。”

“胡惟庸如何？”

“这个人将来会不受约束的。”

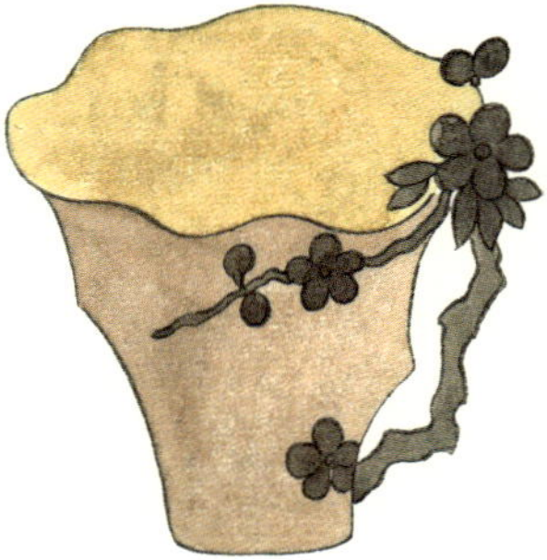

朱元璋最后不无深意地说：

“我看只有你比较合适了。”

刘基回答：“我这个人嫉恶如仇，也不合适。”

又补了句：“现在这些人，我看没有谁合适。”

不久，皇帝就让他回家养老了。

后来胡惟庸当了丞相，

找个借口报复刘基。

刘基生病，朱元璋派胡惟庸探视，后

者找医生给他开药，

刘基服药后病情加重而身亡。

虽然胡惟庸是毒死刘基的罪魁祸首，

但朱元璋也脱不了干系。

和刘基相比，貌似胡惟庸赢了，

其实他输得更彻底，

因为他的对手是朱元璋。

胡惟庸是李善长的老乡，

因李善长的荐举，

洪武六年（1373），胡惟庸当上了右丞相。

相权和皇权历来是对立统一的矛盾体，

明朝的第一任丞相是李善长，

他做事小心谨慎，

但还是处理不好与皇帝的关系，

没干几年就辞职了。

接着汪广洋和杨宪先后继任，

任期都不长。

任期最长的是胡惟庸，但下场也最惨。

胡惟庸胆子大，喜欢揽权，
又刚愎独断，啥事都要管，
结果朱元璋觉得你这么干，
还要我这个皇帝干么？
胡惟庸不但不收敛，
还仗着文武百官都是自己人，
贪腐起来更是有恃无恐。
结果倒霉了。

跟朱元璋玩，
胡惟庸还是嫩了点。

洪武十三年（1380），占城国来使，

胡惟庸没有上报，皇帝不开心了。

正想找个茬办你呢！

朱元璋下令严查到底，

最后诛胡惟庸三族。

案件连查好多年，

受牵连被杀的达一万多人。

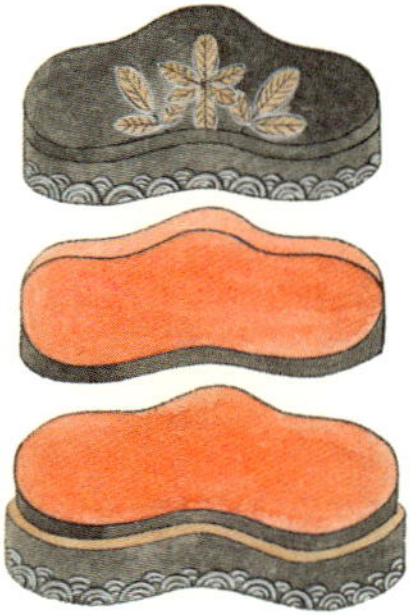

朱元璋通过胡惟庸案，

废除了丞相制度，

把权力进一步控制在自己的手中。

但是，仅仅剥夺了丞相的权力是不够的，

他要把整个官僚集团变成自己的奴才，

不得有半点二心。

为了更有效地监控官员，

洪武十五年（1382），朱元璋

设立了锦衣卫。

这个特殊机构我们经常在影视

剧里见到。

他们具有侦察、缉捕、审判、处罚等权力，

只对皇帝负责，因而成了朱元璋独裁的得力助手。

通过几个案子和其他手段，

朱元璋把跟他一起打江山的功臣们杀得差不多了。

李善长、邓镇因胡惟庸案被处死；

宋濂受牵连被贬，客死茂州；

徐达背上长疽，不能吃蒸鹅，

可是朱元璋派人赐给他蒸鹅吃；

李文忠是朱元璋的亲外甥,因礼贤下士,人缘太好,

被视为有政治野心而被毒死。

“飞鸟尽，良弓藏；狡兔死，走狗烹。”
对此，朱元璋发挥到淋漓尽致。

朱元璋的亲侄子朱文正，

因为跟儒生来往，发了几句牢骚，被鞭死；

廖永忠因僭用龙凤被赐死；

而冯胜和傅友德则被“无罪赐死”；

蓝玉被告谋反，最后被灭族，

同罪者达一万五千人；

汤和是开国大功臣中为数不多得以善终的人。

朱元璋杀大臣的原因，

恐怕还是对他们不放心，

怕他们对自己的皇位构成威胁，

或者怕自己的继承者摆不平，

要为子孙扫平一切障碍。

所以越到晚年，他的猜忌心也越重。

把伙伴们都杀光了，他也就安心了。

洪武三十一年（1398），朱元璋驾崩，

享年七十一岁。

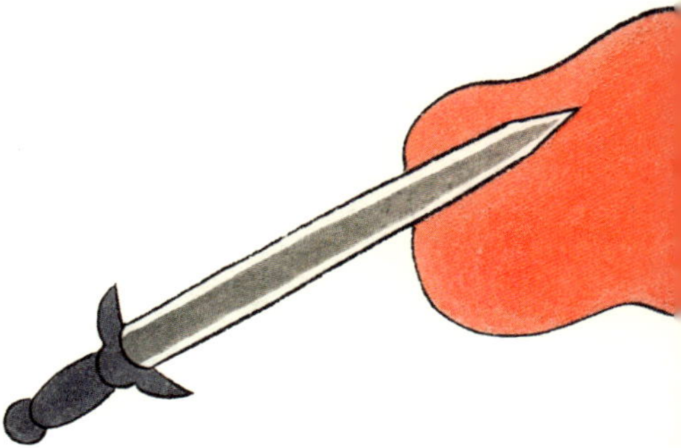

手绘古人的一生

朱元璋

一名乞丐的逆袭

吕作用 编
宋思维 绘

图书在版编目（CIP）数据

朱元璋：一名乞丐的逆袭 / 吕作用编；宋思维绘．
-- 南昌：江西美术出版社，2022.9
（手绘古人的一生）
ISBN 978-7-5480-8748-9

Ⅰ．①朱… Ⅱ．①吕… ②宋… Ⅲ．①朱元璋（1328-1398）—传记—图集 Ⅳ．① K827=48

中国版本图书馆 CIP 数据核字 (2022) 第 126434 号

出 品 人：刘　芳
责任编辑：姚屹雯
助理编辑：叶朋辉
责任印制：谭　勋
书籍设计：韩　超　林思同

出　版：江西美术出版社
地　址：南昌市子安路 66 号
邮　编：330025
电　话：0791-86566309
网　址：www.jxfinearts.com
经　销：全国新华书店
印　刷：浙江海虹彩色印务有限公司
版　次：2022 年 9 月第 1 版
印　次：2022 年 9 月第 1 次印刷
开　本：710mm×1000mm　1 / 32
印　张：4.25
ISBN 978-7-5480-8748-9
定　价：48.00 元